AF451904

CATALOGUE

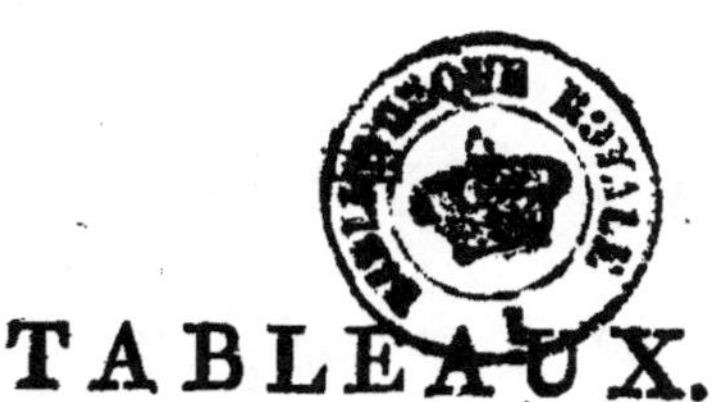

TABLEAUX.

CATALOGUE

DES TABLEAUX

COMPOSANT LE CABINET

DE M. HIPPOLYTE DE LIVRY.

Par C. P. LANDON.

La Vente s'en fera publiquement, au plus offrant et dernier enchérisseur, les Mercredi 2 Février 1814, Jeudi 3, Vendredi 4, et Samedi 5, à l'hôtel de Bullion, rue J.-J. Rousseau, où l'exposition publique aura lieu Dimanche 30 Janvier, Lundi 31, et Mardi 1er Février, depuis onze heures jusqu'à quatre.

A PARIS,

Chez { M. HENRY, peintre, rue Poissonnière, n° 57.
M. GENDRON, Commissaire-Priseur, rue d'Antin, n° 10.

IMPRIMERIE DE CHAIGNIEAU AÎNÉ.
1814.

AVERTISSEMENT.

LORSQUE M. Hippolyte de Livry m'a invité à rédiger le catalogue des tableaux qui composent son cabinet, j'ai accepté d'autant plus volontiers ce travail, qu'il semble ne demander que de l'attention et de l'exactitude; qu'il exclut toute espèce de critique, et prescrit la modération dans les éloges.

En effet, pour un catalogue du genre de celui-ci, que faut-il de plus qu'une simple et courte explication du sujet, avec l'indication locale des principales masses de la composition, et un léger aperçu des qualités qui font le mérite de l'ouvrage et distinguent le talent de l'artiste? D'ailleurs, n'est-il pas reconnu que la plupart des personnes qui visitent ces sortes d'expositions, et toutes celles qui se proposent d'y faire l'acquisition de quelqu'objet, possèdent assez de connaissances en pratique ou en théorie pour n'avoir pas besoin d'être dirigées dans leur choix, ou ne pas craindre d'être influencées dans leurs jugemens? J'ai donc lieu de penser que dans cette circonstance de longues descriptions seraient superflues, puisque c'est l'examen seul du tableau qui

décide les intentions de l'acquéreur ; et que
des éloges, je ne dis pas outrés, mais même
un peu trop étendus, auraient lieu d'être sus-
pects. J'en fais ici la remarque, parce qu'il m'a
semblé (toutefois sans vouloir faire aucune ap-
plication personnelle) que, dans la rédaction
des catalogues d'objets d'arts, on s'écartait
souvent de la précision qui est nécessaire ; et
qu'au lieu d'une diction simple et naturelle,
on y rencontrait quelquefois l'affectation de
la pensée et les écarts d'un style ambitieux.
Je reviens à l'objet de cet avertissement.

Amateur distingué par son goût et par cette
abondance d'idées libérales qui toujours ex-
citent l'amour ou plutôt l'enthousiasme des
beaux-arts, M. Hippolyte de Livry s'est ap-
pliqué pendant dix ans à former la collection
dont il s'agit ; il l'a portée à trois cents tableaux, et n'a cédé, dans son choix, qu'au
désir de former un ensemble agréable et varié,
et non à des vues intéressées. Il a su même, ce
qui est assez rare, se garantir de toute espèce
de prévention et de partialité. On le sait, tel
amateur frappé du caractère fier et soutenu
des écoles italiennes, leur accorde une admiration exclusive. Tel autre, plus sensible au
charme du coloris et aux grâces du pinceau

qu'à la grandeur des idées et à la correction du dessin, se restreint aux tableaux des peintres flamands et hollandais. Tel autre, enfin, n'accueille que les compositions anciennes ou étrangères, et regarde avec une indifférence dédaigneuse les productions de notre école et les travaux de ses contemporains.

M. Hippolyte de Livry s'est plu à rendre aux artistes de nos jours un hommage sincère. Des ouvrages modernes forment à-peu-près moitié de sa collection; le surplus est consacré aux maîtres anciens de diverses écoles.

On n'y trouve qu'un petit nombre de ces tableaux qui par leurs dimensions ne peuvent être admis que dans des galeries ou des salons spacieux. A l'exception de huit ou dix, ce sont des morceaux de cabinet qui, par la facilité du transport et du placement, et vu le peu d'espace qu'ils occupent, conviennent plus généralement aux amateurs.

Dans les collections mêmes les plus célèbres on rencontre toujours quelques tableaux sur l'authenticité desquels l'opinion des connaisseurs se trouve partagée; mais comme ces discussions ne font rien au mérite réel des ouvrages de cette classe, et que d'ailleurs ils sont en très-petit nombre, je n'ai pas cru devoir faire aucun changement dans la liste des peintres sous le nom desquels les tableaux du cabinet de **M.** de Livry ont été depuis long-temps désignés ou reconnus.

Nota. Le Lecteur est prévenu que, dans la description des tableaux les mots, *à droite*, *à gauche*, sont employés relativement à la position du spectateur.

CATALOGUE
DE TABLEAUX.

ANCIENNES ÉCOLES.

A.

ABSHOVEN.

N° 1. Peint sur bois. Larg. 13 pouces, haut. 9 pouces.

Un Chimiste devant son fourneau et entouré de divers ustensiles. Près de lui deux enfans fouillent dans un coffre. On aperçoit dans le fond une vieille femme sortant du laboratoire. Petit tableau touché librement.

ACHEN. (*Jean van*)

2. Peint sur toile. L. 31, h. 26 p.

Paysage représentant l'entrée d'une forêt, où des brigands armés de fusils tirent sur un cavalier qui s'enfuit à toute bride. Plus loin, d'autres bandits arrêtent deux femmes et semblent prêts à les assassiner.

ALLEGRAIN père.

3. T. h. 54, l. 44 p.

Paysage d'un aspect imposant. Il représente une chartreuse entourée de hautes montagnes. Le soleil pénètre à peine au fond de la vallée. On y aperçoit quelques religieux en méditation ou travaillant à la terre.

As. (*Van*)

4. B. l. 27. h. 19 p.

Entrée de forêt, d'un ton clair et harmonieux.

Aubée.

5. B. l. 11, h. 9 p.

Intérieur d'un cabaret. Quatre Paysans assis devant une table s'amusent à boire et à fumer. Tableau d'une touche ferme unie à la vigueur du ton.

B.

Balen. (*Henri van*)

6. B. l. 22, h. 15 p.

Neptune et Amphitrite. Ils sont montés sur un char très-élevé, tiré par des chevaux marins et des dauphins. Plusieurs groupes de tritons et de néréides forment leur cortège. Cette composition nombreuse offre des détails soignés et des nus d'un coloris frais et gracieux.

Bassen. (*Van*)

7. B. l. 26, h. 20 p.

Intérieur d'église. On y remarque une horloge avec son cadran; près de là un escalier conduisant aux galeries qui dominent le chœur.

8. B. l. 28, h. 19 p.

Autre morceau du même genre que le précédent. Il est chaud de ton, bien entendu de perspective, et représente un édifice immense. Le point de vue est marqué par un rang de piliers qui partage les deux ailes basses à gauche de la nef. Ces deux tableaux sont ornés de figures.

Baut et Boudewyns.

9. T. h. 29, l. 24 p.

Paysage et marine. Sur un quai, à gauche, s'élève une porte de ville. Dans le fond, du côté opposé, on aperçoit un vaisseau de guerre.

BÉGA. (*Abraham*)

10. T. l. 58, h. 38 p.

Grand paysage composé richement, et dont le ciel est d'un ton chaud et animé. On voit, près d'un monument sépulcral, deux femmes qui se reposent et un pâtre gardant un troupeau.

BERGSTRAETEN.

11. T. l. 40, h. 32 p.

Paysage, effet de neige. A droite, une église gothique. Près de là, quelques maisons. A gauche, une rivière glacée et des patineurs.

BENT. (*Jean Vander*)

12. T. l. 31, h. 22 p.

Paysage orné d'animaux. On y aperçoit des ruines ; et, sur le devant, une chapelle.

13. B. l. 30, h. 20 p.

Marché de bestiaux sur la place d'un village. Dans le fond est une église.

BISCAYE.

14. Peint sur cuivre, l. 17, h. 11 p.

Achille à la cour de Lycomède. Tableau bien composé, riche de coloris, et d'une touche légère.

BLOEMEN. (*Pierre Van*)

15. T. h. 11, l. 8 p.

Un cavalier suivi de son chien.

BOEK. (*Van*)

16. T. l. 46, h. 35 p.

Pièces de gibier mort ; deux lapins, deux canards sauvages et un lièvre accrochés. Un autre lièvre couché sur une table ; près de là, un chat dérobant un morceau de viande crue. Tableau d'une grande vérité, d'une touche ferme, et plein de relief.

BORDONE. (*Pâris*) (Attribué à)

17. T. h. 52 , l. 37 p.

La Madelaine dans le désert. Cette sainte est assise ' et tient sur ses genoux une tête de mort. Elle est accompagnée de trois anges, dont l'un lui présente un crucifix, et l'autre tient auprès d'elle un livre ouvert.

BOURDON. (*Sébastien*)

18. B. l. 27 , h. 23 p.

La fuite en Egypte. S. Joseph mène par la bride et fait boire l'âne sur lequel est la Vierge tenant l'Enfant Jésus emmailloté. Un ange les accompagne. Au-dessus de la tête de la Vierge, on voit deux petits anges sur des nuages. Tableau dont la disposition et le style font reconnaître la manière du Bourdon.

19. T. l. 30 , l. 25 p.

Vénus présente des armes à Enée. La déesse est assise sur un char attelé de deux cygnes qui se reposent sur le gazon. Devant elle, Enée, debout, contemple ces armes avc admiration. Près de Vénus est un petit Amour qui caresse une colombe ; deux autres Amours jouent avec les cygnes. Dans le coin du tableau, à gauche, on voit deux Nayades appuyées sur une urne. Cet agréable tableau se distingue sur-tout par la grâce de la composition.

20. T. h. 18 , l. 24 p.

Tableau attribué au Bourdon. On y voit des ruines , au milieu desquelles se reposent des mendians et des hommes qui jouent aux cartes. Le ciel, qu'on aperçoit au travers d'une arcade, indique un coucher de soleil. Des montagnes bornent l'horizon.

BOUTH.

21. T. l. 20, h. 13 p.

Un troupeau d'animaux traversant un gué. Ce ta-

bleau joint à la solidité des masses et à la vigueur de
l'effet, la facilité du pinceau et la fermeté du coloris.

Bréemberg. (*Bartholomée*)

22. B. l. 14 h. 11 p.

Joli tableau dont la perspective est bien entendue,
dont le ton est fin et lumineux, la touche spirituelle et
décidée. Il représente des monumens en ruines, un
paysage et des animaux. A gauche est une fontaine
ornée d'architecture où l'on voit une femme allant
laver du linge ; plus loin un homme monté sur un
buffle.

Brekelenkamp.

23. B. l. 7 ½, h. 9 p.

Un vieillard à barbe et cheveux gris, vêtu d'une
longue robe brune, est assis dans un fauteuil, et pa-
raît méditer ou près de s'endormir. Au travers d'une
croisée, à gauche, on découvre un paysage. Le ton
général de ce petit tableau a de la vérité et de l'harmonie.

Breughel de Velours.

24. B. l. 27, h. 17 p.

Hiver, effet de neige. Village situé sur les bords
d'une rivière glacée, que traversent des voitures. Dans
le lointain, à droite, des montagnes élevées arrêtent
le point de vue.

Brun. (*Charles Le*)

25. T. l. 78, h. 54 p.

Jésus-Christ couronnant sainte Thérèse. Elle est à
genoux près d'un autel, au-dessus duquel un ange relève un rideau. Du côté opposé on en voit plusieurs
autres en adoration. Sur le devant, un enfant assis tient
un livre ouvert, un lys et une flèche, attributs de
l'innocence et de l'amour divin. Ce tableau, que l'on
peut considérer comme une heureuse production du
maître, se distingue par la sagesse de l'ordonnance,

la correction des formes et la noblesse des caractères.
De plus, l'exécution en est très-soignée dans toutes
les parties. Les figures ont environ quatre pieds de
proportion.

C.

Callot. (Attribué à)

26. Sur pierre de touche, l. 13, h. 9 p.

Effet de nuit. Incendie d'une ville par des Mahomé-
tans. Les habitans, réduits en captivité, sont emmenés
sur le bord de la mer et jetés dans un vaisseau.

Cano. (*Alonzo*)

27. T. h. 23, l. 18 p.

Buste de S. Jean-Baptiste. Morceau d'étude. La tête
est touchée vivement et piquante de lumière.

Champaigne. (*Philippe de*)

28. T. l. 39, h. 27 p.

Le Calvaire. Jésus, mort sur la croix, occupe le
milieu du tableau. A ses pieds on voit la Madelaine à
genoux; près d'elle, la Vierge et S. Joseph, debout et
les mains jointes, contemplant cette scène de douleur;
plus loin, les saintes Femmes dans la désolation : de
l'autre côté du Christ, un groupe de soldats; près de la
croix, deux autres soldats tirant au sort les vêtemens du
Sauveur. Plusieurs cavaliers s'en retournent vers Jéru-
salem, dont on aperçoit au loin les murs.

Cette scène pathétique, un peu symétriquement,
mais sagement composée, offre, comme toutes les
productions de Philippe de Champaigne, la naiveté de
l'expression, la vérité du coloris, et un pinceau moelleux.

29. B. h. 24, l. 20 p.

Deux bustes en regard, de même grandeur et dans
des cadres de forme ovale. L'un est celui de N. S.,
l'autre celui de la Vierge. Ils se recommandent l'un et
l'autre par la beauté des caractères et la finesse du ton.

CIGNANI. (Attribué à *Carlo*)

3o. T. h. 48, l. 36 p.

Vénus et Adonis. Deux figures demi-nues, assises, et se donnant la main. Dessin soutenu, couleurs franchement empâtées.

CONNING. (*Philippe*)

31. B. h. 15, l. 12 p.

Salomon sacrifiant aux idoles. Tableau bien composé, pour la distribution des groupes et des lumières. L'exécution en est précieuse et relevée par la vigueur de l'effet général.

COQUES. (*Gonzalez*)

32. C. h. 8, l. 6 p.

Portraits de deux jeunes filles, l'une en robe bleue, l'autre en rose. Ces deux petits tableaux joignent à la finesse du trait la simplicité du ton local et celle de l'exécution.

CUYLENBORCH et STOOP.

33. T. l. 4o, h. 31 p.

Vaste souterrain taillé en arcades dans le roc, et renfermant un lac bordé de roseaux. Sur le devant, à droite, une fontaine ornée de colonnes et de sculptures; un cavalier y fait boire son cheval. Le souterrain est traversé par une route où passent quelques voyageurs. On remarque entr'autres objets dans ce tableau un cheval blanc, bien peint, d'une touche large et d'un ton vrai.

CUYP. (Ecole d'*Albert.*)

34. B. l. 19, h. 13 p.

Paysage avec figures. A gauche, des ruines; à droite, une montagne très-élevée.

D.

Dietrick.

35. B. h. 20, l. 13 p.

Tête de vieillard. Il est coiffé d'une toque de velours noir. La fraîcheur de son teint et sa longue barbe blanche, contrastent avec son habit brun que recouvre en partie une robe noire. Une chaîne d'or est suspendue à son col. Cette tête est d'une belle couleur et d'un effet piquant.

Does. (*Van der*)

56. T. l. 15, h. 12 p.

Un jeune berger conduisant un troupeau de chèvres et de moutons. Le site est orné d'une fontaine et de quelques ruines. Effet de soleil, teintes chaudes et harmonieuses.

F.

Feret.

57. T. l. 58, h. 24 p.

Paysage représentant le bord d'une rivière et un site d'un caractère historique. On voit sur les devants quelques animaux et un pâtre endormi. Sur l'autre rive, une roche escarpée et dégradée par le temps, et des montagnes à l'horizon.

Ferg. (*Paul*)

38. C. l. 9, h. 7 p.

Paysage. Une rivière où viennent s'abreuver des animaux. A droite, une fontaine construite en pierre et quelques fabriques. Le côté gauche offre un groupe de montagnes en amphithéâtre. Une teinte brillante anime le ciel et les lointains.

FERGUSON.

59. B. h. 23, l. 17 p.

Tableau de forme ovale, représentant des perdrix et autres oiseaux morts fort bien peints.

FRANCHOIS. (*Lucas*)

40. T. h. 63, l. 37 p.

Vénus sortant de son lit. Elle est nue et debout ; seulement une partie de son corps est cachée par une draperie noire et fourrée dont l'Amour retient l'extrémité. Ce tableau, sous le rapport du coloris et de l'empâtement des teintes, rappelle les carnations de Vandyck.

FRANCK. (*François*)

41. B. l. 23, h. 19 p.

Le repos en Egypte. La Vierge, tenant son fils, est assise près d'un obélisque et accompagnée d'un ange. Quelques autres forment un groupe dans le ciel. On aperçoit sur un plan éloigné S. Joseph conduisant la monture de la Vierge.

G.

GIORDANO. (*Luca*) (Attribué à)

42. T. l. 54, h. 43 p.

Un Satyre avec ses deux enfans. Il porte une corbeille de fruits. L'un des petits satyres tient une grape de raisin ; l'autre boit du vin dans une coupe. Ce tableau présente une touche hardie et des carnations très-animées.

GOYEN. (*Van*)

43. B. l. 27, h. 14 p.

Paysage dans lequel le peintre a introduit un sujet de l'Écriture sainte : Abraham renvoyant Agar.

Griff.

44. T. l. 13, h. 11 p.

Deux chiens poursuivant des canards. Fond de paysage.

Griffier. (*Le chevalier*)

45. B. l. 21, h. 19 p.

Paysage. A gauche, une rivière coule au milieu d'un groupe de montagnes dont les sommets sont en forme de pics. A droite est une roche percée, sous laquelle on voit passer des paysans à cheval. Près de là quelques bergers se reposent à l'ombre.

H.

Hagen. (*Vander*)

46. T. l. 34, h. 28 p.

Paysage. Forêt bordant une rivière.

Hakkert.

47. B. l. 14, h. 10 p.

Paysage éclairé par un soleil couchant. La touche a tout à la fois du moelleux et de la finesse.

Heem. (*David*)

48. B. l. 9, h. 7 p.

Joli tableau de fruits d'une grande transparence de ton et d'un pinceau très-soigné. On y distingue deux grappes de raisin, des noisettes, des prunes, une figue, etc.

Hoog. (*Peters de*) (Attribué à)

49. T. l. 30, h. 24 p.

Tableau de famille. La mère est assise, ayant à ses côtés deux petits enfans et en tenant un troisième sur

ses genoux. Elle offre un fruit à son mari qui est debout auprès d'elle.

HOET. (*Gérard*)

50. T. l. 26, h. 21 p.

Le repas d'Antoine et de Cléopâtre. Il lui présente
une coupe dans laquelle il a fait dissoudre une perle
d'une valeur immense.

51. T. l. 24, h. 20 p.

Thomyris, reine des Scythes, après avoir vaincu
Cyrus, lui fait trancher la tête et la jette dans une
outre pleine de sang, en lui adressant ces mots : *Bar-
bare, rassasie-toi, après ta mort, du sang dont tu as
été altéré pendant ta vie....*

52. T. l. 23, h. 17 p.

La mort de Didon.

53. T. l. 21, h. 17 p.

La reine de Saba rend hommage à Salomon et lui
offre des présens.

Ces quatre tableaux, traités dans le même style et
de dimensions à-peu-près semblables, sont destinés à
être réunis. On y trouve l'abondance de la composition
et la richesse du coloris.

54. C. l. 10, h. 8 p.

Deux tableaux en pendans. L'un représente Diane
au bain, servie par ses nymphes. L'autre, l'entrevue
d'Enée et Didon dans une grotte.

HUGTENBURG.

55. T. l. 21, h. 17 p.

Vue d'un camp. On voit sur les devans quelques
chevaux à l'entrée d'une tente, des jeunes gens jouant
aux cartes, une femme et un enfant.

HUYSMANS, *de Malines.*

56. T. l. 56, h. 37 p.

Orphée déchiré par les Bacchantes. Beau paysage, d'un ton vigoureux et d'une touche hardie. A droite, sur le devant et jusqu'à l'horizon, on aperçoit le cours de l'Ebre. Du même côté est une masse de rochers couverts d'arbres ; plus loin, à gauche, une **cité** que dominent de hautes montagnes.

HUYSUM. (*Van*)

57. T. l. 17, h. 12 p.

Paysage dont la composition rappelle le style italien.

K.

KNELLER.

58. T. h. 24, l. 19 p.

Portrait d'homme en habit de velours vert, et portant une écharpe de soie d'un rouge clair. Ce portrait est remarquable par la vérité et l'éclat du coloris, et par la beauté du pinceau.

L.

LAIRESSE. (*Gérard de*)

59. T. l. 54, h. 42 p.

Paysage très-agreste et touché largement. Le peintre y a introduit deux figures que l'on a supposées être Pâris et Hélène, quoiqu'elles n'aient rien du caractère ni du costume antiques. Le berger, une houlette à la main, se présente devant Hélène, qui est assise sous un arbre et près d'une fontaine ; elle tient une coquille pleine d'eau. A ses pieds est un carquois rempli de flèches. Deux chiens sont couchés tout auprès.

LAMBRECHTS.

60. 61. **B. h. 8, l. 6 p.**

Deux petits paysages avec figures. Ce sont deux pendans.

M.

MAAS. (*Nicolas*)

62. **B. h. 17, l. 13 p.**

Tête de vieille, ridée, coiffée d'un large chapeau de feutre, qui lui ombrage le front. Le col de la chemise est noué sous le menton. Son vêtement est rouge : une espèce de fichu d'étoffe noire lui couvre les épaules. Bon morceau d'étude.

MARIENHOFF.

63. **C. h. 14, l. 11 p.**

La Visitation. Sainte Anne et S. Joachim viennent au-devant de Marie. Du côté de la Vierge est un groupe de trois femmes. La couleur de ce tableau a de la suavité et de l'harmonie.

MARTIN.

64. **T. l. 36, h. 30 p.**

Le Passage du Rhin. Imitation de la manière de van der Meulen.

MEYDA-WOLFERT.

65. **T. h. 16, l. 12 p.**

Portrait en pied d'un enfant vêtu d'une robe bleue, ornée de broderies. Il a près de lui un petit chien. Le fond du tableau est un paysage.

Miel (*Jean*)

66. B. forme ronde, 10 p. de diamètre.

Un chasseur assis. Il tient de la main gauche un lièvre, et de l'autre caresse son chien. Son cheval est attaché à un arbre. Ce tableau, peint largement, est d'un ton vigoureux.

Mieris. (*Guillaume*)

67. B. h. 10 $\frac{1}{2}$, l. 8 $\frac{1}{2}$ p.

Portrait d'homme debout et presque en pied. Il a le bras droit appuyé sur un piédestal que recouvre en partie un riche tapis. Il est vêtu d'une robe de chambre en satin bleu, qu'il relève de la main gauche. Une longue cravatte de dentelle descend sur sa poitrine. Le fond du tableau représente une espèce de galerie ouverte, ornée de deux statues et d'un bas-relief. On découvre au-delà un paysage. Ce morceau se distingue par la vérité du coloris et une exécution précieuse.

Milé. (*Francisque*)

68. T. l. 7 pieds $\frac{1}{2}$, h. 5 pieds 3 p.

La Manne dans le désert.

69.

Le Déluge. Pendant du tableau ci-dessus. Ces deux compositions attestent les soins qu'a mis l'artiste à se rapprocher du style du Poussin.

Mireweldt.

70. T. h. 44, l. 32 p.

Portrait de femme en robe noire ornée d'une broderie légère. Elle est vue jusqu'aux genoux, tient d'une main un éventail de plumes, et de l'autre relève une chaîne d'or qui lui sert de ceinture. Portrait d'un bel aspect, réunissant la finesse de la touche à celle des carnations.

MOLA. (Attribué à *J. B.*)

71. T. l. 25, h. 19 p.

Paysage composé dans le goút du Poussin. Le peintre y a introduit un personnage, Narcisse se mirant dans une fontaine.

MOLENAERT.

72. T. h. 14, l. 12 p.

Vue d'un petit village au milieu duquel est une église. Sur le devant, deux grands arbres, une marre et des canards. Quelques figures. Ciel nébuleux. Couleur vigoureuse.

73. B. l. 18, h. 13 p.

Paysage d'un ton fin. Une rivière sur laquelle on aperçoit dans le lointain quelques vaisseaux. A gauche, est un château dont les murs posent dans l'eau, et en face duquel se trouve un pont de bois.

MOMERS.

74. B. h. 22, l. 20 p.

Paysage avec figures et animaux. Sur le devant, une femme à genoux et vue de dos, trait une brebis. Ce tableau est agréable par la fraîcheur des teintes.

75. T. h. 27, l. 23 p.

Paysage également orné de figures et d'animaux. Une femme, montée sur un âne, fait abreuver son troupeau. A gauche est une montagne sur laquelle s'élèvent quelques habitations. Ce tableau, d'un effet lumineux, contraste avec le précédent par la chaleur du ton.

MORELS.

76. B. h. 18, l. 14 p.

Deux portraits en buste. Ce sont les deux sœurs peintes en regard : collerettes et robes blanches ornées de broderies.

Muster.

77. B. h. 12, l. 9 p.

Une tête d'homme avec un chapeau noir. Ce tableau a pour pendant une vieille avec une toque noire. Ces deux têtes sont traitées dans le goût de Rembrandt.

N.

Nain (le)

78. T. l. 32, l. 26 p.

Une marchande de légumes. Elle est assise, et près d'elle sont, debout, un petite fille, un mendiant et un petit marchand de gâteaux.

O.

Oudry.

79. T. l. 54, h. 46 p.

Tableau de fleurs et de fruits. Sur le devant, une tige de passe-roses, un melon, etc. Sur un socle, une pyramide de pêches.

P.

Panini. (*Paul*)

80. T. l. 36, h. 27 p.

Deux pendans, représentant diverses vues de Rome. Dans l'un, on découvre à droite une partie des ruines du temple de la Paix ; dans l'autre, le Colysée et l'arc de Constantin.

81. T. l. 36, h. 27 p.

Deux autres pendans, qui représentent aussi des vues de Rome, mais dans lesquels les monumens sont plus rapprochés de l'œil du spectateur, et offerts sous un autre point de vue. On voit dans le premier, à droite, l'arc de Constantin; du même côté, sur la hauteur, des ruines de l'ancienne Rome; et sur le devant, divers fragmens de sculpture. Dans le second, le temple d'Antonin et de Faustine, le temple de la Paix, etc.

Ces quatre morceaux, où règne une parfaite harmonie de composition, de couleur et d'effet, suffiraient seuls pour orner agréablement un salon.

PELLEGRINI (Attribué à)

82. T. h. 24, l. 18 p.

Proserpine, au milieu de ses compagnes, cueille des fleurs sur le bord d'un fleuve. Des Amours, voltigeant dans les airs, viennent lui présenter leur offrande. Derrière eux, on voit arriver Neptune dans un char entouré de flammes.

PÉTERS.

83. B. l. 9, h. 6 p.

Petite marine, sans nul aspect de côte. Sur divers points d'une mer orageuse, on aperçoit des vaisseaux de différentes formes.

83 (*bis*).

Ce tableau a pour pendant un paysage dont l'auteur est inconnu; il est composé et exécuté dans la manière de J. Ruisdaël.

PIAZETTA.

84. T. h. 9, l. 7 p.

Un petit pleureur, tête bien peinte et d'une grande vérité.

POELENBURG. (*Corneille*)

85. C. l. 9 ½, h. 7 p.

L'ange conduisant le jeune Tobie : son chien marche devant lui. On aperçoit sur le second plan quelques figures; dans le fond une chaîne de montagnes. Ciel frais, lointains d'une teinte azurée.

86. B. h. 11 ½, l. 9 ½ p.

Paysage dans lequel le peintre a introduit un sujet historique, le martyre de S. Etienne. Charmant tableau traité avec goût. La scène est parfaitement rendue ; les figures, d'une très-petite proportion, sont bien dessinées, naturelles dans leurs mouvemens, et pleines d'expression.

Au haut du ciel, sur des nuages, on aperçoit Jésus-Christ entouré d'anges, et fortifiant par sa présence le courage du saint martyr.

87. B. h. 18, l. 14 p.

Vénus, assise sur un trône, reçoit l'hommage des Saisons.

PRIMATICE.

88. B. h. 15, l. 11.

Tête de femme, vue de profil, d'un caractère grave, et ajustée dans le goût florentin. On trouve dans cette tête le grandiose des formes et la finesse du ton.

R.

RAOUX.

89. T. h. 54, l. 38 p.

Deux femmes se regardant dans un miroir. L'une est vêtue d'une robe de soie bleue, l'autre tient un bouquet ; les deux figures sont éclairées par derrière. Elles joignent à l'agrément des traits un effet tout-à-la-fois suave et piquant.

REMBRANDT. (Ecole de)

90. B. h. 21, l. 18 p.

Le Sacrifice d'Abraham. Isaac, vêtu d'une espèce de tunique de lin, est à genoux sur l'autel, tandis que son père, lui posant la main sur la tête, s'apprête à l'immoler. Un ange retient le bras d'Abraham ; l'ensemble du tableau plaît par la vivacité de la lumière concentrée sur la figure d'Isaac, et par la transparence des ombres. Il est signé : *Mytens*, 1634.

Romain. (*Van*)

91. T. h. 12, l. 11 p.

Paysage touché largement. On y voit un troupeau de bœufs, une chèvre et un mouton, gardés par un jeune pâtre et se reposant près d'une rivière.

Rombouts.

92. C. l. 10, h. 7 p.

Paysage. Il représente un chemin près d'une côte escarpée.

93. B. h. 27, l. 23 p.

Maison grossièrement construite en briques et en bois, sur le bord d'une rivière dont l'œil suit le cours jusqu'à l'horizon. A droite, sur le devant, dans une masse de demi-teinte, on voit un homme pêchant à la ligne.

Ce tableau pourrait se soutenir, pour la vigueur du ton, près d'un paysage de J. Ruisdaël, et servir de pendant à celui de ce dernier maître, n° 95.

Rombouts. (*Théodore*)

94. B. l. 72, h. 42 p.

Thomyris, même sujet que celui qui a été cité précédemment sous le n° 51 ; mais ce dernier ne présente qu'un petit nombre de figures, dont quelques-unes sont vues à mi-corps ; le tableau avait été fait pour être placé dans un lieu élevé, à en juger par quelques raccourcis. Il est d'une belle couleur, d'une grande vérité, et exécuté savamment.

Ruisdael. (*Jacques*)

95. B. l. 37, h. 26 p.

Beau paysage d'un ton vrai et d'un effet vigoureux et piquant. On y aperçoit une petite rivière encaissée dans un sol sablonneux et dont le bord, à droite, est frappé d'une lumière vive. Près de là sont deux pêcheurs qui viennent de quitter leur bateau. Sur chaque rive s'élèvent des masses d'arbres qui indiquent l'entrée d'une forêt ou un parc enclos de murs. Sur la hauteur à droite, un berger garde un troupeau. Tous les devants sont dans l'ombre.

S.

SANTERRE (Attribué à)

96. T. h. 34 , l. 27 p.

Une femme vue à mi-corps. Elle est assise devant une table et tient un livre. A côté d'elle est une pendule ; dans le fond un coq, symbole de la vigilance : cette figure, quoique dans un costume moderne, est probablement allégorique et représente l'étude. Elle est éclairée en dessous par la lumière d'un flambeau.

SASSOFERRATO (Attribué à)

97. T. h. 22 , l. 19 p.

Demi-figure de vierge, vue de trois-quarts, les yeux élevés vers le ciel et la main sur la poitrine. Expression douce, pinceau moelleux.

SCHELINGS. (*Samuel*)

98. B. l. 13, h. 10 p.

Paysage avec des ruines, d'un ton fier, chaud et transparent, et d'une touche facile et légère.

99. T. l. 22, h. 19 p.

Autre paysage avec des animaux, et un château construit en briques, près d'une rivière.

SNEYDERS.

100. T. l. 7 pieds 8 p,, h. 5 pieds 2 p.

Chasse au sanglier ; cet animal, furieux de se voir poursuivi par des chiens, en a déja renversé plusieurs, et semble entraîner les autres dans sa fuite. Tableau dont l'exécution ne laisse rien à désirer.

SOLEMAKER.

101. T. l. 14 , h. 12 p.

Paysage et animaux bien étudiés. Effet solide, touche large et fondue.

SOLIMÈNE. (Attribué à)

102. T. l. 43 , h. 54 p.

Jacob soulève la pierre qui couvrait le puits, et fait boire le troupeau de Laban , conduit par Rachel.

103.

Le pendant. Eliézer offre à Rebecca des présens de la part d'Abraham.

SON. (*Van*)

104. T. l. 34 , h. 24 p.

Guirlande de fruits, raisin noir et blanc, citrons, branche d'oranger, cerises, prunes, etc. , d'une grande vérité et d'une belle exécution.

STELLA.

105. B. 7 p.

Petit tableau de forme ronde. Le repos en Egypte. Les figures sont sur le premier plan. Le lointain offre des ruines.

STEEN. (*Jean*) (Copié d'après)

106. B. h. 14, l. 10 p.

Paysage. On voit sur le devant, à droite, deux paysans qui jouent aux quilles et deux jeunes gens qui les regardent. Du côté opposé, une femme et deux hommes. Sur le second plan, une barrière à laquelle un cheval est attaché. Plus loin, une hôtellerie, etc. Jolie copie bien rendue.

STOP KOPF.

107. T. l. 38, h. 29 p.

Tableau dit de *nature morte*. Un baquet à moitié plein d'eau, une carpe dans un plat de terre, des

harengs saurs ; plus loin , un bocal de verre sur une
petite table , tous objets représentés de grandeur naturelle. Ce morceau est un chef-d'œuvre d'imitation.

Stoop.

1c8. B. h. 8 , l. 8 p.

Un cavalier accompagné de quelques voyageurs.
La figure du premier se détache en vigueur sur le
ciel , dont le ton indique un soleil couchant. Ce petit
tableau est brillant de coloris et d'un effet vigoureux.

T.

Teniers. (*David*)

109. B. l. 13 , h. 10 p.

Un chirurgien de village panse le pied d'un paysan.
Une femme regarde faire l'opération. Derrière eux un
jeune élève tient un emplâtre et le présente au feu
d'un réchaud placé sur une table. Dans le fond , est la
porte du laboratoire , où l'on voit entrer un homme
appuyé sur des béquilles. Joli tableau , d'un pinceau
fin et léger et plein d'harmonie.

110. B. l. 10 , h. 8 p.

Paysage. Clair de lune. Un pêcheur , conduisant une
femme dans sa barque , aborde vis-à-vis d'une maison
d'où une autre femme vient l'éclairer avec un flambeau.
L'effet de ce petit tableau est très-piquant.

111. T. h 28 , l. 20 p.

Pastiche , à l'imitation de Paul Véronèse. Le sujet
est Moïse sauvé des eaux. La touche en est facile , et
la couleur a de l'éclat et de la légèreté.

Torenwliet.

112. B. h. 9½ , l. 9 p.

Un vieillard lisant avec des lunettes. Il est assis , et
l'un de ses pieds est posé sur une escabelle. Son chapeau
est près de lui sur une table. Tableau fin de coloris.

(31)

113. T. l. 52, h. 47 p.

Vénus et Adonis, composition gracieuse dans le style des Ecoles italiennes. La déesse, accompagnée de trois petits Amours, est descendue de son char traîné par des cygnes, et vient visiter le jeune chasseur endormi.

TRAUTMANN.

114. T. l. 12, h. 10 p.

Effet de nuit, d'une touche vive et spirituelle. Une troupe de Bohémiens s'arrête à l'entrée d'un portique ruiné. Le ciel est éclairé par la lune, et les figures reçoivent la lumière d'un brandon.

TRÉMOLIÈRE.

115. T. h. 30, l. 24 p.

Persée et Andromède.

TRÉVISANI.

116. C. h. 15, l. 12 p.

S. Dominique aux pieds de la Vierge qui tient sur ses genoux l'Enfant Jésus. Près de la Vierge est un chien tenant dans sa gueule un flambeau allumé. On voit dans le ciel le S. Esprit et une gloire d'anges. Joli tableau bien composé et d'une bonne couleur.

TULDEN. (*Van*)

117. B. h. 24, l. 18 p.

Buste d'homme couronné de pampre.

118.

Le pendant. Buste de femme.

V.

Vader. (*Louis de*)

119. T. l. 40, h. 34 p.

Une forêt dont la partie gauche est très-touffue. Elle est traversée par un chemin sur lequel on aperçoit un berger conduisant un troupeau. Très-beau paysage traité grandement, riche de couleur et d'une touche légère.

Varége.

120. B. l. 13, h. 12 p.

Nymphes et Baigneuses, dans le goût de C. Poélenburg.

Velde. (*Guillaume Van den*)

121. B. l. 12, h. 8 ½ p.

Marine d'un ton fin et vague. Près de la plage à droite, on aperçoit deux barques et quelques matelots ou pêcheurs; à gauche, dans le lointain, un vaisseau à trois mâts. Du côté opposé et sur le même plan, plusieurs autres bâtimens.

Verkolié.

122. B. h. 19, l. 16.

Le maître de musique, figures à mi-corps. Un jeune homme, tenant une guitare, donne une leçon à une jeune femme assise devant une table sur laquelle sont des livres de musique et un pupitre.

123.

Le pendant. La bergère. Une jeune femme et un jeune homme dans un costume pastoral. Ils sont assis sous un arbre. Ces deux sujets sont gracieux et exécutés avec soin.

Véronèse. (*Alexandre*) (Ecole de)

124. T. l. 68, h. 42 p.

Dalila vient de couper les cheveux de Samson ; on
le lie pendant son sommeil.

Vertangen.

125. B. l. 21, h. 17 p.

Paysage orné de ruines peintes par Cuylenborck.
Diane au bain avec ses nymphes. A droite est une
masse de diverses ruines d'architecture.

126. B. l. 23, h. 20 p.

Même sujet. Le bassin où se baignent Diane et ses
compagnes est situé entre des rochers dont on voit, à
gauche, une masse couverte d'arbres et de broussailles.

127. B. l. 12, h. 9 ½ p.

Adam et Eve chassés du paradis terrestre. Un ange
les poursuit et lève contre eux son épée flamboyante.
Le ciel est obscurci par des nuages d'un ton sinistre.
Vertangen a bien saisi, dans ces trois compositions, le
style et le coloris de C. Poelenburg, son maître.

Victoors. (*Jean*)

128. T. l. 34, h. 24 p.

Tableau de famille. Deux précepteurs conduisent
leurs élèves, quatre jeunes gens de différens âges, devant
leur ayeul, vieillard infirme que l'on voit assis sur le gazon, et appuyé sur les genoux de sa fille. Ces jeunes gens
sont richement vêtus. On aperçoit, dans le fond à
droite, un des pavillons du château et une partie du
parc.

Vignon.

129. T. h. 37, l. 28 p.

Salomon, au milieu de ses femmes, sacrifie aux idoles.

Vliet. (*Van*)

150. B. h. 15, l. 12 p.

Le denier de César. Petit tableau d'un mérite rare, plein de naturel pour le caractère et l'expression des figures, et d'un effet magique.

W.

Witringa.

151. T. l. 42, h. 50 p.

Marine. Une mer agitée, sur laquelle voguent un vaisseau de guerre et quelques barques de pêcheurs. A gauche, on aperçoit, sur la côte, des fabriques et un moulin à vent.

Witte. (*Emmanuel de*)

152. B. h. 24, l. 22 p.

Intérieur d'une église gothique, dont la nef est soutenue par des colonnes de pierre blanche. Le chœur est fermé par une grille. Tableau d'une excellente exécution.

Wolfert.

153. B. l. 17, h. 12 p.

Paysage d'un ton chaud et harmonieux, d'une touche fine et légère. L'artiste y a représenté divers animaux.

Wouwermans. (*Philippe*)

154. B. l. 18, h. 14 p.

Une espèce de ravin creusé dans un terrain sablonneux, au milieu duquel se trouve une flaque d'eau. A gauche, un arbre, une chaumière; à droite, un tertre dont le sommet est vivement éclairé. Un paysan traversant l'eau sur une pièce de bois. Sur le devant, deux voyageurs conversant ensemble. Ce tableau se distingue par la fermeté des masses et la facilité du pinceau.

135. B. h. 9, l. 8. p.

Paysage d'un ton chaud et vigoureux. On y voit une famille de mendians se reposant à l'ombre. Plus loin, un paysan monté sur un cheval noir. Ce groupe ressort vigoureusement sur le ciel.

Wyck. (*Thomas*) (Manière de)

136. B. h. 8, l. 7 p.

Un géomètre devant une table couverte d'un tapis et sur laquelle est un globe. Un lustre est suspendu au plancher. On voit sur le devant un fauteuil d'un riche travail ; et sur le bord de la croisée, un vase d'argent et son plateau ciselés. Ce tableau est très-fini.

Wynantz.

137. B. h. 13, l. 10 p.

Paysage. Deux chemins coupent un monticule où s'élèvent plusieurs groupes d'arbres. On aperçoit, sur le devant, un villageois conduisant une vache blanche, et, sur la hauteur, un homme à cheval, suivi d'un voyageur à pied. Beau mouvement de nuages, touche moelleuse.

ÉCOLES MODERNES.

B.

M. Bertin.

138. T. l. 17, h. 14 p.

Paysage. Site très-pitorresque, ombragé par de beaux arbres et orné de fabriques et de figures. On voit sur le devant un jeune homme séparant deux chiens animés l'un contre l'autre.

3*

139. B. l. 15 , h. 11 p.

Deux jolies copies d'après Cl. le Lorrain. Tableaux de forme ovale. L'un représente une marine, effet de soleil ; l'autre une vallée immense que sépare une rivière , et où paissent de nombreux troupeaux.

M. BIDAULD.

140. T. l. 15 ½ , h. 12 ½ p.

Paysage. Une rivière occupe toute la largeur du tableau. Sur le devant , un homme tirant un filet ; un autre pêchant à la ligne ; plus loin, des femmes lavant du linge. Près de là un pont de plusieurs arches, défendu par une tour. Au-dessus de l'horizon, s'élèvent des montagnes escarpées et incultes. Le ciel de ce joli tableau est frais et léger.

M. BIDAULD. (Ecole de)

141. T. l. 24 , h. 18.

Paysage avec figures, d'un bon style.

M. BILCOQ.

142. T. l. 27 , h. 22 p.

La diseuse de bonne aventure. Une jeune femme vient la consulter. La vieille , dans un âge décrépit, est assise dans un vieux fauteuil, devant une table que recouvre un tapis et sur laquelle sont placés en désordre des livres , un sablier , des boîtes et des vases de toute espèce. On retrouve autour d'elle un assemblage confus d'objets de ce genre, accessoires touchés d'une manière spirituelle , et auxquels le peintre a donné particulièrement tous ses soins.

M. BOCQUET.

143. T. l. 17 , h. 14 p.

Paysage. Sur le devant, des vaches et des moutons près d'une chaumière ; au-delà , de grands arbres ; à gauche , d'autres arbres ombrageant un monticule.

M. Boilly.

144. B. h. 15, l. 12 p.

Une jeune femme et sa fille. La mère, debout, vêtue
d'un corset nakarat et d'une jupe de satin de couleurs
changeantes. Près d'elle un piano, une mandoline,
des livres et un pupitre. Elle présente une pomme à sa
fille. Celle-ci, avant de la recevoir, remercie en portant sa main sur sa bouche.

145. B. h. 15, l. 12 p.

Le pendant. Une jeune femme, en jupe de satin blanc
et corset de satin verdâtre, agace un petit chien monté
sur une table, tandis qu'une jeune fille d'environ douze
ans, tâche de l'en empêcher et lui retient le bras.

146. T. l. 21, h. 17 p.

Une jeune fille malade, et entourée de personnes
qui s'empressent à la servir, reçoit de son amant, qui
est à ses genoux, des présens et une promesse de ma-
riage.

147. B. l. 8, h. 6 p.

Deux sujets érotiques.

M. Bruandet.

148. B. l. 40, h. 25 p.

Paysage représentant l'entrée d'une forêt. Le premier
plan est divisé par une petite rivière qui coule rapi-
dement et forme deux cascades sur le devant. Sur l'une
et l'autre rive, on distingue des voyageurs et des bergers conduisant leurs troupeaux. L'horizon, dont le
point de vue est très-peu élevé, se termine par de
hautes montagnes. Morceau d'une grande vérité de ton
et soigneusement étudié, comme tous les ouvrages du
même artiste. Les figures sont de M. Duval.

149. T. l. 30, h. 24 p.

Une forêt traversée par une route qui s'éloigne vers
l'horizon. On y voit plusieurs voyageurs tant à pied
qu'à cheval; et, au loin, une chasse au cerf. Les figures
et les animaux sont de M. Swebach.

150. B. h. 24, l. 18.

Une forêt. A droite, sur le devant, est une marre. Vers le milieu, une route que traversent un homme et une femme poursuivant à cheval un cerf qu'on aperçoit dans le lointain. Les figures de ce tableau sont de la même main que celles du précédent.

151. B. l. 27, h. 20 p.

Sujet du même genre; orné de jolies figures par M. Swebach.

BRUN. (Mme LE)

152. T. h. 22, l. 18 p.

Une Vestale, la tête ceinte d'une couronne de roses blanches, et couverte d'un voile de gaze qui retombe sur l'épaule droite. Cette jeune prêtresse, d'une physionomie douce et tendre, tient dans sa main une patère, et est debout devant un autel sur lequel on voit briller le feu sacré.

C.

M. CARPENTEYRO.

163. B. l. 28, h. 20 p.

Paysage dont le sol est très-varié. Il est orné de figures et d'animaux. A droite est un groupe d'arbres au travers desquels perce la lumière du soleil sur son déclin. Dans le fond, une petite rivière coule au milieu d'une prairie au-dessus de laquelle s'élèvent, dans le lointain, des montagnes d'un ton bleuâtre. La composition et l'exécution de ce tableau annoncent un élève de M. Omméganck.

CHARPENTIER.

154. T. h. 17, l. 14 p.

Une tête de paysan. Son pendant, une tête de femme; études très-soignées.

(39)

D.

M. Dael. (*Van*)

155 B. h. 15, l. 12 p.

Tableau de fruits. Des pêches groupées avec quelques grappes de raisin blanc et de raisin noir , une branche où sont attachées de grosses prunes violettes. Ces objets sont traités avec le talent d'imitation et le goût qui distinguent tous les ouvrages de M. Van Dael.

Danloux.

156. T. h. 26, l. 22 p.

Un buveur, tenant une pipe , est assis devant une table sur laquelle on voit un verre renversé et un vase d'étain. Cet homme porte une longue barbe. Sa physionomie annonce le contentement.

157. T. h. 22, l. 18.

Un paysan devant un tonneau de bout sur lequel il vient de poser deux sacs d'argent. On voit derrière lui la porte du souterrain où il renferme son trésor. Ces deux tableaux ont beaucoup de naïveté sous le rapport de l'expression , et la couleur en est harmonieuse.

M. Debucourt.

158. B. l. 20, h. 16 p.

Trait de bienfaisance. La maison d'une mère de famille, malade et indigente. est envahie par des créanciers. Des suppôts de la justice enlèvent inhumainement ses meubles , et jusqu'aux rideaux et à la couverture du lit sur lequel elle est étendue presque mourante au milieu de ses enfans. Le seigneur du village vient d'entrer ; il se montre aux créanciers avides, leur jette de l'or , et met un terme à cette scène déchirante. Les voisins sont accourus et témoignent, par leurs divers mouvemens , combien ils sont touchés de cet acte généreux. Le peintre a fait choix de costumes espagnols pour quelques-uns de ses personnages. Ce tableau , composé avec beaucoup d'art et de sentiment, est d'un effet mystérieux et d'une exécution piquante.

15g. B. l. 28 , h. 20 p.

Repas champêtre à la porte d'une ferme. Un jeune paysan, tombant à la renverse de dessus son siège, veut saisir une jeune fille qui s'enfuit. Sur le devant du tableau, deux enfans en conduisent un autre dans une brouette.

M. Demarne.

160. B. l. 13, h. 10 p.

Paysage. On voit sur le bord d'une route un abreuvoir où viennent boire une vache, une chèvre et des moutons conduits par une femme. A droite, un arbre et un chien ; à gauche, sur une petite éminence, une chapelle d'architecture gothique. Plus loin une rivière qui serpente dans la prairie, et dont le cours se suit jusqu'à l'horizon. Charmant tableau d'un ton frais et gai, et l'un des plus agréables de cet artiste dont les productions réunissent depuis long-temps tous les suffrages.

161.

Le pendant. Une grande route pavée faisant face au spectateur, et se dirigeant vers le point de vue. A droite, est la porte d'une ferme d'où sort une troupe d'oies ; à gauche, plusieurs figures d'hommes et de femmes, des vaches entrant dans une prairie ; du même côté et dans le lointain, une meule de bled, et une longue avenue dans laquelle passe une charette. Le ciel indique un soleil couchant. Ce joli tableau se soutient sans désavantage à côté de celui qui vient d'être cité.

162. B. l. 10, h. 7 p.

Paysage. Sur le devant, on aperçoit un villageois et une femme montée sur un âne. Elle conduit des vaches et des chèvres. A gauche, l'entrée d'une cour fermée par une porte rustique, un champ de bled et quelques arbres. Du côté opposé et dans le lointain, un terrain élevé sur lequel est un moulin à vent. Tableau d'une grande fraîcheur de ton, d'une touche et d'un effet soignés.

163. l. 12, h. 9 ½ p.

Tableau du même genre de composition et du même faire que le précédent. Le devant est coupé par une rivière qui fait tourner un moulin placé sur le second plan. Près de là est un champ de bled ; à droite, un chemin fréquenté par des voyageurs. Le ciel est sombre, nébuleux, et annonce un orage.

164. T. l. 17, h. 13 p.

Site montueux ; colline couverte de verdure ; deux femmes dont l'une garde des vaches. et l'autre arrive avec un troupeau de moutons. A droite, un homme dormant à l'ombre sur le bord du chemin qui tourne autour de la colline.

Doux. (Mlle le)

165.

Tête de jeune homme dont le dessin et le coloris offrent une reminiscence de la manière de **Greuze**.

M. Drolling.

166. B. l. 22 ½, h. 19 p.

Un hermite dans sa grotte, ayant près de lui **sa** besace, sa gourde et son bâton, est assis devant une petite table ronde où l'on voit un panier de fleurs et des fruits. Il adresse la parole à une jeune fille assise devant lui, ayant pour vêtement une tunique courte de forme grecque qui laisse le sein à découvert. Ses jambes sont nues ; des brodequins forment sa chaussure. Elle tient d'une main un fruit, et de l'autre sur ses genoux un pigeon blanc. Ce sujet qui semble enigmatique sera saisi par les personnes qui ont lu le conte du prince chéri Ce joli tableau, l'un des plus gracieux qui soient sortis du pinceau de M. Drolling, et dont le principal mérite est dans l'éclat du coloris, joint l'agrément de la composition et la franchise des lumières.

167. T. l. 23, h. 19 p.

Un mendiant aveugle, ayant un enfant pour guide, est introduit par une jeune dame dans une maison où

ıl va recevoir l'hospitalité, et dont un jeune homme
lui ouvre la porte. Une femme âgée se présente à la
croisée. Près de là est une grille au travers de laquelle
on aperçoit le jardin et un petit bâtiment en forme de
colombier. Ce tableau peut servir de pendant à celui
qu'on vient de citer. La scène est rendue avec un intérêt qu'accroît encore l'intelligence pittoresque. Pour
le coloris, ce tableau ne le cède point au premier.

168. T. l. 27, h. 21 p.

Le petit commissionnaire; tel est le titre sous lequel le tableau est connu. Un homme sur le seuil de
sa porte, indique à un petit commissionnaire, tenant
une lettre, la maison où elle doit être remise. On
voit en-dedans de la maison une jeune fille travaillant
près d'une croisée, sur le bord de laquelle est un ro-
sier. Au-dessus est une cage suspendue. Plus bas, un
chat sur une caisse. Ce tableau méritait et a obtenu
beaucoup de succès à l'exposition publique. On y remarque un effet de soleil parfaitement senti, et des
détails bien rendus.

169. T. l. 22, h. 18 p.

Bélisaire. Ce malheureux guerrier, appuyé sur son
jeune guide, descend une montagne. Le chemin est
couvert par une roche dont la cime est avancée et
semble prête à s'écrouler. Les figures ne sont qu'un
accessoire de ce paysage très-soigné et d'un aspect fort
agréable. Les objets sont éclairés par le soleil sur son
déclin.

M. DUFRESNE.

170. B. l. 32, h. 25 p.

Paysage. L'horizon peu élevé laisse à découvert un
ciel uni, où l'on n'aperçoit que quelques nuages lé-
gers. Sur le devant est un groupe de sept vaches, dont
une se laisse traire par une femme qu'accompagne un
paysan. Ces animaux paissent dans une vaste prairie
sur les bords d'une grande rivière. On voit dans le
lointain un petit village dont les maisons se reflettent
dans l'eau. Ce paysage, d'une touche franche et d'un

(45)

ton vigoureux, présente une imitation assez heureuse
de la belle et grande manière d'Albert Cuyp.

M. Dunouy.

171. T. l. 11, h. 9 p.

Site champêtre et uni, au milieu duquel coule une
petite rivière. On voit sur le devant un pâtre conduisant un troupeau. Plus loin, et de l'autre côté de l'eau,
une petite maison, des hommes et des animaux. Morceau d'étude exécuté d'après nature, et très-soigné.

172. B. l. 14, h. 9 p.

Vue prise des bords de la Seine; autre morceau
d'étude. On aperçoit dans le fond le Mont-Valérien.

M. Duval.

173. T. l. 7 ½, h. 5 ½ p.

Paysage bien composé et d'une fort jolie exécution.
Une villageoise, tenant sous son bras un agneau,
passe à gué une petite rivière, en conduisant son troupeau qui se compose de quatre chèvres et d'une brebis.
Lointains d'un ton chaud et vaporeux.

F.

Forbin. (M. de)

174. B. l. 27, h. 20.

Intérieur d'un cloître ou église gothique demi-ruinée
et abandonnée; il y reste une petite chapelle, devant
laquelle un chevalier français à genoux, ayant près
de lui ses armes, vient faire sa prière avant de partir
pour la Terre Sainte. Ce tableau dont la perspective
est exacte, dont le ton est vrai et l'effet piquant,
est d'un peintre que son rang dans le monde place
parmi les amateurs, et que son talent distingué fait
compter avec avantage parmi les artistes.

M. Foschi.

175. T. l. 28, h. 18 p.

Deux paysages, effets de neige et faisant pendans.
L'un représente un vallon bordé de roches escarpées,

sur deux desquelles s'élèvent des habitations. On voit sur le premier plan deux voyageurs dont la voiture est renversée et fracassée. Ce tableau est éclairé par la lune.

L'autre offre une vaste plaine au milieu de laquelle sont deux chaumières. Dans l'une est la forge d'un maréchal. Dans le fond, à droite, des montagnes. Sur le devant, à gauche, deux voyageurs allant à pied, suivis de leur carrosse.

G.

M. Garnier.

176. T. h. 20 ½, l. 18 p.

Intérieur d'appartement. Une jeune fille confie une lettre à sa suivante; et, mettant le doigt sur la bouche, lui recommande le secret. Dans le fond, à droite, est une commode surmontée d'une glace; à gauche, sur le devant, une table couverte d'un tapis de velours cramoisi orné de galons et de franges d'or, sur laquelle sont posés un flambeau, une aiguière d'argent, une écritoire, etc.

Mlle Gerard.

177. T. h. 22, l. 20 p.

La prière du matin. Une jeune fille blonde et d'une physionomie douce vient de quitter le lit et n'est point encore habillée. Elle est à genoux devant un livre dans lequel est une image de la vierge. Près d'elle est sa femme de chambre qui se dispose à lui présenter une robe.

178. T. h. 20 ½, l. 17 p.

La lecture. Deux jeunes femmes, assises sur un canapé de velours cramoisi, s'entretiennent ensemble sur une lettre dont elles viennent de faire la lecture : l'une des deux tient cette lettre; l'autre, un portrait en miniature. A gauche, sur un coussin, on voit un chapeau de paille, un schall et des rouleaux de dessins.

(45)

179. T. h. 22 ½ , l. 19 p.

La toilette. Une jeune femme blonde, en robe grise, assise sur un canapé, vient de recevoir un bouquet et une lettre d'envoi. Derrière elle, une autre femme de bout, en robe blanche et corset bleu, prend part à l'objet de la lettre. A droite, est une table de toilette sur laquelle on voit monter un petit chien qui se regarde dans le miroir.

180. T. h. 20 ½ , l. 19 p.

La mauvaise nouvelle. Une jeune femme en tunique bleue, sur une jupe de satin blanc, s'évanouit à la lecture d'une lettre qu'elle tient encore. Ses regards sont éteints, ses traits décolorés ; sa sœur lui fait respirer un flacon. A ses pieds est un petit épagneul dont les yeux sont fixés sur sa maîtresse. L'appartement est orné de meubles et accessoires riches et de bon goût.

Faire l'éloge d'un de ces quatre tableaux, c'est les louer tous. Il n'en est aucun qui ne réunisse les aimables qualités qui distinguent le pinceau de Mlle Gérard : sujets nouveaux et heureusement conçus, formes gracieuses, douceur d'expression, suavité de coloris, costumes choisis et bien rendus.

S'il fallait donner la préférence à l'un de ces quatre tableaux, sans doute on éprouverait de l'embarras ; néanmoins, à en juger d'après l'effet qu'ils ont produit dans le public, on pourrait dire que le tableau de *la Prière* passe pour un des chefs-d'œuvre de l'artiste, et que celui de *la mauvaise Nouvelle* attache spécialement par l'intérêt du sujet et par le sentiment qui se manifeste dans son exécution. Quant à ce dernier, il n'est peut-être pas inutile de prévenir le public que si le sujet est le même que celui d'un autre tableau de Mlle Gérard, vendu dernièrement chez M. Godefroy, il sera facile aux personnes qui les auront vus tous deux, de juger auquel appartient la supériorité sous le rapport du fini et de l'harmonie ; et s'il pouvait y avoir quelque doute sur l'originalité de l'un ou de l'autre, celui qui fait partie du cabinet de M. Livry ne pourrait être contesté, cet amateur l'ayant acheté 1200 fr. sur le chevalet de l'artiste.

M. Gorp. (*Van*)

181. T. h. 15, l. 12 p.

Une danseuse nue, accompagnée d'un petit amour.
Sujet gracieux, avec un fond de paysage.

M. Granet.

182. B. l. 27, h. 20 p.

Vue d'une église souterraine dont la voûte est soutenue par un double rang d'arcades et de colonnes.
A droite, sur une estrade élevée de quelques degrés,
on voit un religieux à genoux au pied d'un petit autel
adossé au bas d'une croisée, d'où part la lumière qui
frappe sur cette partie du tableau. Le fond est éclairé
par une fenêtre semblable. Ce tableau, qui fait pendant
à celui de **M.** de Forbin, désigné sous le n° 174, se
recommande par le même genre de mérite. Dessin
perspectif, effet de clair obscur, et vérité du ton
local. L'un et l'autre furent exposés au salon de 1800,
où M. de Livry en fit l'acquisition.

Greuze. (Copie d'après)

183. B. h. 26, l. 20 p.

La prière. Une jeune fille demi-vêtue et les pieds
nus, est à genoux au pied de son lit, les mains jointes
et levant les yeux au ciel. Non loin d'elle est un ins-
trument de musique. Près de là, une petite table, un
livre et un flambeau dont la lumière est éteinte. Cette
copie a été faite avec beaucoup de soin.

H.

M. Hue.

184. T. l. 37, h. 28 p.

Marine; heure du soleil couchant, dont le disque se
montre encore au-dessus de l'horizon. A droite, plusieurs forts et quelques bâtimens amarrés. A gauche, des
arbres et partie de dunes très-élevées. Ce tableau bien
disposé et d'une harmonie de tons chauds et vigoureux,
est d'un des plus agréables de cet artiste : artiste ac-
coutumé aux succès, dans un genre de composition

vers lequel un trop petit nombre de peintres de notre Ecole ont dirigé leurs travaux.

185. B. l.23 , h. 18 ½ p.

Paysage. Effet de lune, dont la lumière argentine contraste avec la flamme dorée du flambeau qui éclaire la scène suivante :

Bélisaire est rencontré la nuit par le fils d'un de ses anciens serviteurs qui le conduit chez lui. L'infortuné guerrier est accueilli par la mère et par les sœurs du jeune homme. On aperçoit dans le lointain quelques édifices, dont les croisées laissent entrevoir la faible lumière des flambeaux. Tableau bien conçu et d'un bel effet.

186. T. l. 72 , h. 48 p.

Grande marine, soleil couchant, mer calme, dont la surface est légèrement agitée par un vent frais. A droite, le péristyle d'un édifice régulier; plus loin, du même côté, un forteresse et un groupe d'arbres. Sur le devant, des pêcheurs tirant leurs filets et amarrant leurs bateaux. Dans le lointain, un vaisseau de guerre sous voiles, et quelques barques venant à terre. Ce tableau, l'un de ceux qui ont fait le plus d'honneur au peintre, offre à l'œil un aspect majestueux et un heureux accord de tons chauds et vaporeux.

187. T. l. 58 , h. 30 p.

Fête champêtre. Le fond représente le parc d'une maison de plaisance, dout on découvre l'avant-corps ainsi que l'un des pavillons. Le maître de la maison a marié quelqu'un de ses vassaux ou de ses serviteurs; les habitans du château et ceux du village se trouvent réunis, se réjouissent ensemble et forment une espèce de saturnales.

188. T. l. 45 , h. 30 p.

Paysage ; site montueux et sabloneux, planté de chênes et de bouleaux. Groupes de chasseurs et autres figures. Effet du soir, traité vigoureusement et d'un pinceau moelleux.

189. T. l. 24 , h. 21 p.

Petite marine , clair de lune. Sur le devant, un pêcheur , une femme et un chien. Dans le lointain , un
phare allumé.

L.

M. Lagrenée jeune.

190. B. h. 30 , l. 18 p.

L'adoration des Mages. La Vierge et l'Enfant Jésus,
placés sur un lieu élevé , reçoivent l'hommage et les
présens des trois Rois. On voit briller dans le ciel
l'étoile qui les a guidés.

191. B. h. 21 , l. 16 p.

Apollon et trois femmes , dont une lui demande de
vivre autant d'années qu'elle tient de grains de sable
dans sa main. Le fonds du tableau représente un
paysage et des masses de verdure , derrière lesquelles
on aperçoit le sommet d'un temple circulaire.

192. B. l. 25 , h. 18 p.

La charité romaine. Parmi ces trois tableaux de
M. Lagrenée jeune , le premier peut être considéré
comme l'esquisse ou la première pensée d'un grand
ouvrage ; les deux autres sont un peu plus terminés.
Tous trois se distinguent par une touche vive et spirituelle et par un style particulier de dessin et de composition que l'on retrouve dans toutes les productions
de cet artiste.

Lélie. (M. A. de)

193. T. h. 38 , l. 31 p.

Une femme vendant du raisin à deux hommes du
peuple. Le fond du tableau représente une partie d'é-
difice et le haut d'un escalier sur lequel on aperçoit un
petit chien. L'exécution de ce morceau, dont les figures
sont de grandeur naturelle , offre de la suavité et de la
fraîcheur dans le coloris , la simplicité de l'effet et la
naïveté des caractères.

Lépicié.

194. T. l. 30 , h. 24 p.

La demande accordée. Tableau depuis long-temps

gravé , et que l'on croit être celui sur lequel l'auteur
fut agréé à l'académie. On peut le citer comme un des
meilleurs de cet artiste.

Le fond représente un intérieur rustique. Un jeune
homme vient de demander à une villageoise la main
de sa fille. Celle-ci est debout près de sa mère, et l'on
voit briller dans ses traits l'expression d'une joie douce
et modeste. Derrière eux, une table où sont encore
quelques vestiges d'un repas. Devant cette table est le
père de la jeune fille, accompagné de trois autres
enfans, dont le plus jeune joue avec un chien. Les
devants du tableau offent divers ustensiles de ménage. La candeur des physionomies, la légèreté et la
simplicité du ton et la vérité des détails, distinguent
en général les productions de Lépicié, et particulièrement celle-ci qui est très-connue des amateurs.

M.

M. Mallet.

195. B. l. 15, h. 12 p.

La Correction fraternelle. Une jeune fille d'environ
dix ans, que sa mère vient de baigner, est vue de dos
et entièrement nue. Son frère, âgé de quatre ou cinq
ans, tient une poignée de verges et cherche à la fouet-
ter. Sa sœur et sa mère lui retiennent la main. Un chien
aboie et veut mordre l'enfant. Debout, près d'une fenêtre, la sœur aînée est occupée à coudre. La pose,
l'ajustement et l'effet de cette dernière figure, entre
autres, sont pleins de grâce et de délicatesse. Derrière
le groupe principal est une table couverte d'un tapis,
sur lequel on aperçoit une corbeille de fruits, des
œufs et une aiguière. Dans le fond de l'appartement et
près d'une croisée, est un vieillard lisant devant une
table. Les meubles et les accessoires sont du 14ᵉ ou 15ᵉ
siècle.

196. B l. 15, h. 12 p.

L'heureux ménage. Intérieur du même style que
le précédent. Deux jeunes époux, après une longue
absence, goûtent le plaisir de se revoir. Le mari est
assis sur le bord d'une table, et tient à la main son

chapeau orné de plumes. La jeune femme, debout, a
l'une de ses mains dans celle de son mari et l'autre
sous son menton. Elle est vêtue d'un corset orné de
rubans et d'une jupe de satin. Le costume du mari est
dans le goût espagnol. A leurs pieds est un chien qui
fixe sur eux son regard. Derrière la table, on aperçoit
une petite fille assise dans son berceau, près de son
frère un peu plus âgé qu'elle. Ils s'amusent à faire
boire un chat. Les divers objets qui décorent l'appartement sont de bon goût et rendus avec esprit. L'exécution des figures est piquante, gracieuse, et le coloris de ce joli tableau est vif et brillant sans cesser
d'être harmonieux.

197. B. l. 15, h. 12 p.

Le pendant, sujet de même genre, mêmes personnages, même costume, même agrément de pinceau.
Les deux époux, occupés à exécuter de la musique,
interrompent leur concert pour s'adresser mutuelle-
ment des paroles tendres et affectueuses. Leurs enfans
paraissent un peu plus âgés que dans le tableau précédent. Si ces deux tableaux ne sont pas les meilleurs
de l'artiste, il est probable qu'il n'en a produit aucun
qui puisse les effacer.

198. T. l. 9 ½, h. 8 p.

Petit tableau représentant Vénus couchée sur un lit
de repos. Près d'elle est l'Amour qu'elle couronne de
fleurs. Ce dieu tient une lyre.

M. Meunier.

199. B. l. 9, h. 7.

Paysage. Site ombragé. On voit, sur un plan un
peu éloigné, une ferme d'où sort une paysanne conduisant un troupeau. Elle s'achemine vers une marre
située sur le premier plan. Ce petit tableau est agréable
de composition, et d'une bonne couleur.

M. Myn.

200. B. l. 18, h. 15 p.

D'après M. Ommeganck. Un paysage orné de figures
et d'animaux.

N.

M. Naudou.

201. T. l. 11 p., h. 9 p.

Deux jolis paysages, avec figures et animaux. L'un présente un site coupé de montagnes et orné de fabriques, l'autre une rivière dont les bords sont ombragés par de grands arbres. Le premier est un effet du matin, le second un coucher du soleil.

Neveu.

202. T. h. 22, l. 18 p.

Adam et Eve avec leurs enfans. Il y en a quatre, dont le plus jeune est encore sur le sein de sa mère. Le paysage de ce tableau est sombre et épais. Quelques animaux sont sur le devant.

O.

M. Ommeganck.

203. B. l. 18, h. 15 p.

Des vaches paissent dans une prairie que traverse une petite rivière. Ces animaux sont dispersés sur divers plans. Dans le lointain, à gauche, un troupeau de moutons et quelques chaumières entourées d'arbres. A droite, un homme et une femme apportant des vases pour traire le lait des vaches. Plus loin, sur la hauteur, une charrette et un cheval dételé. La lumière du soleil échauffe l'horizon. Tableau composé dans la manière de Paul Potter, et touché dans le goût de Karel-Dujardin.

204. B. l. 17, h. $13\frac{1}{2}$ p.

Une femme montée sur un âne chargé de paniers où sont de petits agneaux, est suivie d'un jeune berger, et conduit un troupeau sur une chemin sablonneux. D'un côté une montagne, au bas de laquelle se trouve une petite ferme, de l'autre un village et une église. Tableau aussi bien composé, aussi fini que le précédent, mais exécuté dans la dernière manière de l'artiste. Manière plus moelleuse, plus vaporeuse et moins

ferme que la première. Ces divers genres de mérite
également estimables, sont dignes de satisfaire les différens goûts des amateurs.

M. Os. (*Van*)

205. T. l. 23 , h. 19 p.

Paysage très-gracieux et très-fin de ton. Le site est
coupé par une rivière sur laquelle est un pont de bois.
On y voit passer un homme conduisant une charrette.
A droite, une maison et quelques arbres ; à gauche,
dans le lointain, des bateaux à voiles. L'horizon, qui
est très-bas, fait valoir le ciel, dans lequel on remarque un beau mouvement de lignes.

206. B. l. 17, h. 13 p.

Marine. Une mer calme couverte de vaisseaux,
parmi lesquels on en distingue un à trois mâts. Des
nuages roulent à l'horizon.

P.

M. Perrin.

207. T. h 34, l. 54 p.

La mort de Phèdre, figures d'environ deux pieds et
demi de proportion. Composition expressive, soutenue
d'un bon goût de dessin.

Péters.

208. T. l. 24, h. 19 p.

Des femmes prenant le plaisir du bain dans une rivière bordée de saules et de chênes.

Pol. (*Van*)

209. T. h. 34, l. 21 p.

Vase d'albâtre d'où sort un groupe de fleurs. Il se
compose de roses, de tulipes, de pivoines, pavots,
oreilles d'ours, jacinthes, marguerites, pied-d'a-
louettes, etc. Au pied de ce vase que supporte
une table de marbre veiné, on aperçoit un verdier,
un nid d'oiseau avec des œufs et des grappes de raisin, le fond très-obscur sur lequel se détachent tous
ces objets, en relève l'éclat et la fraîcheur. L'aspect du tableau est très-satisfaisant, en ce qu'il ne

présente aucune confusion; les diverses nuances en sont bien combinées, et le travail en est moelleux et fini. Ce morceau est considéré comme le plus capital de l'artiste, qui l'avait peint pour un de ses amis.

R.

M. Regnault. (Ecole de)

210. T. l. 30, h. 24 p.

Une dormeuse, demi-figure, posée sur un sopha, la tête appuyée sur les deux mains, et soutenue sur un coussin de couleur nakarat.

Robert.

211. B. l. 12, h. 9 p.

Intérieur d'un ménage rustique établi sous les voûtes d'une carrière. On y voit plusieurs figures et des animaux. Le jour vient du fond du tableau où se trouve l'entrée de ce réduit. Esquisse touchée avec esprit et d'un effet piquant.

212. T. l. 24, h. 21 p.

Intérieur d'une maison située sur un pont, et en état de démolition.

213.

Arcade fermée par un balcon près duquel sont placées deux sentinelles visitées par un officier. Au travers de l'arcade, on aperçoit un fond de paysage. Cette jolie esquisse offre toute la vivacité du talent de Robert.

M. Roehn.

214. T. h. 15, l. 12 p.

Paysage dont le ton rappelle un beau jour d'été. Un villageois, monté sur un cheval blanc, le fait boire dans un abreuvoir situé sur le bord du chemin. Une jeune paysanne, accompagnée d'un chien, porte un vase dans lequel elle est venue puiser de l'eau.

215. T. h. 15, l. 12 p.

Paysage. Une laitière montée sur un âne, et voyageant avec un paysan qui conduit une chèvre et deux

brebis, traverse une rivière à gué. On aperçoit, à gauche, quelques ruines; à droite, un lointain et des
montagnes.

216. B. h. 14, l. 11.

Parodie du jugement de Pâris.

S.

M. Sablet jeune.

217. T. l. 15, h. 14.

Marine. Sur le devant, une barque conduite par des
rameurs. Dans le lointain, un vaisseau. A droite, une
roche escarpée.

218.

Le pendant, dont l'auteur n'est pas connu. Paysage
avec animaux, effet de soleil couchant.

M. Senave.

219. T. l. 23, h. 18 p.

Interieur d'une boulangerie.

220.

Le pendant. Intérieur d'un magasin de vins. Deux
compositions dans lesquelles on trouve la naïveté des
détails.

M. Spaendoncke.

221. T. h. 17, l. 14.

Corbeille de fleurs, contenant des roses, une branche
d'altéa et une de lilas. Elle est posée sur une table de
marbre, où l'on voit encore quelques boutons de gre-
nade. Tableau d'une touche fine et légère, et d'un
coloris vrai et harmonieux.

M. Stecmuller.

222. l. 17, h. 12 p.

Petite marine d'un ton argentin. On aperçoit sur le
devant quatre ou cinq vaisseaux dont un seul porte ses
voiles; à gauche, dans le lointain, les maisons d'un
village.

M. Swebach, dit Fontaine.

223. B. h. 19, l. 16 p.

Paysage. A gauche, est l'entrée d'une ferme près de
laquelle sont arrêtés plusieurs cavaliers, faisant partie
d'une troupe militaire L'un d'eux paie les raffraichis-
semens, tandis que les autres se mettent en route.
Ce tableau, d'une exécution très-soignée, se fait re-
marquer par la fermeté des masses et la vigueur de
l'effet.

T.

M. Taunay.

224. B. l. 17, h. 14 p.

Un groupe de pasteurs, se reposant et conversant
ensemble auprès de leurs troupeaux. Un de ces bergers est endormi. Le lieu de la scène est un plan très-
élevé, qui intercepte la vue de l'horizon. Les figures
se détachent sur un fond de ciel gris et nébuleux. Ce
petit tableau, touché librement, offre, comme tous ceux
de l'artiste, la grâce de la pensée, la correction des
formes, et ce sentiment de noblesse qu'il sait répandre
sur les sujets mêmes qui en paraissent le moins sus-
ceptibles.

V.

M. Vallin.

225. B. l. 25, h. 18 p.

Deux nymphes poursuivies par des amours, dont
elles ont dérobé les armes, s'enfuient au travers d'un
buisson de roses. Un de ces amours est vu dans l'ombre
et dormant. Pensée et composition gracieuses.

225 *bis*. B. h. 30, h. 21 p.

Le temple de l'hymen. A droite, on aperçoit la
statue de ce dieu dans un temple entouré de fleurs et
ombragé par de grands arbres. Un jeune homme y
conduit sa maîtresse, et l'amour les précède. Le sujet
est enrichi de figures allégoriques et d'accessoires qui
en rendent l'ensemble fort agréable.

226. B. l. 27, h. 19 p.

Marine. Un vaisseau vient de se briser contre des
rochers. Des matelots tâchent de sauver l'équipage. Les

eaux et les figures sont bien touchées et d'une couleur harmonieuse.

M. Vermày.

227. T. h. 26, l. 27 p.

Départ d'un chevalier. Il est armé et prêt à partir pour la guerre, et vient faire ses adieux à sa maîtresse. Un genou en terre, son épée posée sur sa poitrine, son écu et ses gantelets à ses pieds; il jure de combattre vaillamment et de revenir fidèle. Une tapisserie de l'appartement représente un sarrazin terrassé par un chevalier français.

J. Vernet.

228. T. l. 42, h. 28 p.

Paysage. A droite, un immense rocher soutenu par des constructions en maçonnerie, et au-dessus duquel s'élèvent un petit temple antique et quelques groupes d'arbres. Du côté opposé, l'entrée d'un château flanqué de tours. Plus loin, un pont qui traverse une rivière. Ce beau tableau se distingue par la fermeté de la composition, la vigueur du coloris et le nerf du pinceau.

W.

Weber.

229. T. h. 54, l. 34 p.

Portrait de la fille du roi de Taïti, peint à l'époque du voyage du capitaine Coock. Cette femme, d'un teint olivâtre, est nue jusqu'à la ceinture. Ses oreilles sont ornées de fleurs blanches; de longs cheveux noirs descendent sur ses épaules. Ses traits sont doux, assez réguliers, et ne sont dépourvus ni de noblesse ni d'expression.

N° 230.

Sous ce N° seront vendus séparément environ quarante tableaux de différentes écoles et de différens maîtres.

231.

Quatre paysages en placage de Florence, avec leurs cadres ciselés et dorés d'or moulu.

F I N.